PST!... PST!...

COMÉDIE-VAUDEVILLE EN UN ACTE

PAR

MM. DELACOUR ET SUPERSAC

REPRÉSENTÉE POUR LA PREMIÈRE FOIS, A PARIS, SUR LE THÉÂTRE DU PALAIS-ROYAL, LE 24 MARS 1855.

131

DISTRIBUTION DE LA PIÈCE.

SALVATOR, artiste peintre	MM. Luguet.
SPARTACUS, rapin	Octave.
DUBOURGET, maître de forges	Pellerin.
HORTENSE.	Mlles Duverger.
PIMPETTE, femme de chambre	Désirée.

(La scène se passe à Paris, de nos jours.)

Nota. — Toutes les indications sont prises du théâtre — Les personnages sont placés en tête des scènes dans l'ordre qu'ils occupent, c'est-à-dire que le premier ins- crit tient la droite. Les changements de position sont indiqués par des renvois.

PST!... PST!...

Un salon. — Porte au fond. — Portes latérales. Fenêtre à gauche, troisième plan. — Un guéridon au milieu du théâtre.

SCÈNE I.

PIMPETTE, SPARTACUS.[*]

PIMPETTE.

Là ! tout est en ordre... Madame pourra arriver quand elle voudra.

SPARTACUS, entr'ouvrant la porte du fond.

Bro... out !...

PIMPETTE.

Tiens !... monsieur Spartacus !

SPARTACUS.

Oui, Pimpette, Spartacus... ton esclave... qui accourt chercher de nouveaux fers, et qui ne les brisera pas, lui... (Il se pose en Spartacus.)

PIMPETTE.

Bon !... v'là que vous recommencez à parler tout drôlement.

SPARTACUS.

C'est juste !... j'oublie toujours que tu ne comprends que le langage platement bourgeois... Je vais te parler ton idiôme... Bonjour, Pimpette. (Il l'embrasse.)

PIMPETTE.

Eh bien ?

SPARTACUS.

Tu as compris... Te voilà donc de retour ?

PIMPETTE.

Depuis une heure... J'attends madame, qui va arriver.

SPARTACUS.

Ta bourgeoise revient aussi de la campagne ?

PIMPETTE.

Dame !... la saison est finie, et je n'en suis pas fâchée. . Auteuil, ça n'est pas très-gai... ne voir que des paysans... des domestiques.

SPARTACUS.

Tu n'aimes pas les domestiques ?

PIMPETTE.

Je les abomine.

[*] Spartacus. Pimpette

SPARTACUS.

Ce sentiment part d'une âme élevée... on doit toujours mépriser ses égaux !

PIMPETTE.

N'avoir d'autres visites depuis trois mois, que celles de monsieur Dubourget.

SPARTACUS.

Dubourget !... qui est-ce qui s'appelle Dubourget ?

PIMPETTE.

Un monsieur qui, depuis que madame est veuve, vient tous les jours la consoler, sous prétexte qu'il était l'associé de son mari.

SPARTACUS.

Est-il gentil ce monsieur ?

PIMPETTE.

Ni bien, ni mal... assez bonhomme au fond... seulement, au moment où l'on y pense le moins, il se met en colère, et alors, il parle comme ça : (Avec une grosse voix.) « Mille tonnerres ! » ou ben : « nom de nom !... »

SPARTACUS.

Il ne parle pas, alors, il jure.

PIMPETTE.

Oh ! oui qu'il jure... Ah ça, mais vous... vous habitez donc toujours la maison ?

SPARTACUS.

Toujours... le propriétaire ne nous ayant pas encore donné des raisons de le quitter; nous l'attendons au prochain terme.

PIMPETTE.

Et votre maître, monsieur Salvator ?

SPARTACUS.

Mon maître !... dis : mon ami...* j'en suis mécontent.

PIMPETTE.

Vraiment !

SPARTACUS.

Il se dérange... il met des faux-cols et des gants.

PIMPETTE, à la fenêtre.

Il n'est guère ganté en ce moment; voyez-le donc dans la cour ?

SPARTACUS.

Il est en train d'en griller une au soleil.

PIMPETTE.

Mais, quel affreux costume !

SPARTACUS.

Costume d'atelier !... voilà comme je l'aime... Qui devinerait le génie sous cette défroque aventureuse ?

---

* Pimpette, Spartacus.

PIMPETTE.

Le fait est qu'on ne sait trop de quoi il a l'air... (Quittant la fenêtre.) Avec tout ça, vous continuez à ne pas travailler ?

SPARTACUS.

Erreur , Pimpette !... nous travaillons... à nos moments perdus.

PIMPETTE.

Eh ben, vous avez tort !... Il paraît que vous avez du talent.

SPARTACUS.

Je le sais bien.

PIMPETTE.

Je parle de M. Salvator... Vous, je ne sais pas... J'ai montré son tableau à madame ; ce tableau que vous m'avez donné pour ma fête... vous savez bien... cette grosse femme qui attrape un lézard.

SPARTACUS, cherchant.

Une grosse femme qui attrape... Ah ! oui , Cléopâtre piquée par un aspic ?

PIMPETTE.

Madame a dit qu'il était très-bien.

SPARTACUS.

Ah ! elle l'a dit ? .

PIMPETTE.

Et elle s'y connaît , madame... son [père était artiste... sans compter qu'elle peint aussi quelquefois.

SPARTACUS.

Des paysages avec des bonshommes.. le plat d'épinards avec les croûtes. (Bruit de voiture.)

PIMPETTE.

Une voiture entre dans la cour ; c'est madame, sans doute. Filez vite.

SPARTACUS.

Elle ne me connaît pas... si tu me présentais ?

PIMPETTE.

Une autre fois... Filez vite.

SPARTACUS.

O Pimpette ! je voudrais être un vieux romain... je n'hésiterais pas à marquer d'une pierre blanche ce jour où tu m'es rendue.

PIMPETTE, le poussant. *

C'est bon... c'est bon !

SPARTACU.

Adieu, Pimpette.

PIMPETTE.

Adieu... adieu. (Spartacus sort.)

* Spartacus, Pimpette.

SCÈNE II.

PIMPETTE, puis HORTENSE.

PIMPETTE.

Qu'est-ce qu'il veut dire avec son vieux romain et sa pierre blanche ? enfin, n'importe... c'est gentil d'être venu me voir le jour de mon arrivée... Ah ! voilà madame.

HORTENSE, entrant, tenant un carton à chapeau, un schall, etc.*

Que faites-vous donc là, Pimpette ? vous n'avez pas entendu la voiture ?

PIMPETTE.

Si, madame, mais j'étais occupée.

HORTENSE.

Vous saviez bien que j'avais des cartons, des tableaux à monter.

PIMPETTE, débarrassant Hortense.

Je vais aller les chercher.

HORTENSE.

C'est inutile!.. Heureusement que dans la cour j'ai trouvé un commissionnaire qui fumait au soleil... Portez ça dans ma chambre.

PIMPETTE.

Oui, madame.

(Elle entre à droite avec les différents objets que portait Hortense
à son entrée. — Au même moment, Salvator entre par la porte
du fond. — Son costume est un costume d'atelier très-négligé.
Il porte des cartons et un tableau.)

SCÈNE III.

HORTENSE, SALVATOR. **

HORTENSE.

C'est bien... Posez tout cela ici... (Salvator laisse tomber un carton. — En cherchant à le rattraper, il laisse échapper le tableau.) Prenez donc garde... vous êtes d'une maladresse...

SALVATOR, posant les cartons, à lui-même.

La situation manque de noblesse ; mais c'est drôle.

HORTENSE.

Posez ces cartons dans ce coin... ma femme de chambre va venir les prendre. Quant à ce tableau, puisque vous êtes ici, vous allez le mettre en place tout de suite.

SALVATOR, examinant le tableau.

Tiens, ça n'est pas mal... nous avons mieux que ça dans la collection du Louvre, mais enfin ça n'est pas mal.

* Pimpette, Hortense.
** Salvator, Hortense.

HORTENSE.

Hein !... vous dites !... Tenez , placez-le là... (Elle désigne la gauche.)

SALVATOR.

Là !... jamais.

HORTENSE.

Comment !... jamais ?

SALVATOR , montant sur une chaise à droite et accrochant le tableau.

Voilà sa véritable place. Là , du moins, il sera dans son jour.

HORTENSE, étonnée. [*]

Dans son jour !... Au fait !... c'est juste ?.. (A Pimpette, qui rentre par la droite, pendant que Salvator, monté sur une chaise à gauche, tourne le dos.) Emportez tous ces cartons.

PIMPETTE.

Oui, madame. (Elle sort à gauche.)

HORTENSE.

Tenez, mon ami, rangez cette table.

SALVATOR, à part.

Encore !

SCÈNE IV.

LES MÊMES, PIMPETTE. [**]

PIMPETTE, rentrant et reconnaissant Salvator qui a pris le meuble.

M. Salvator !...

SALVATOR, vivement.

Chut !

HORTENSE, se retournant.

Qu'est-ce donc ?

PIMPETTE.

Rien, madame !

HORTENSE, voyant Salvator qui s'essuie le front. [***]

Vous avez bien chaud... voulez-vous un verre de vin ? Pimpette ?

SALVATOR.

Mille grâces, madame... je ne bois jamais que de l'eau... mille grâces !

HORTENSE.

Mille grâces !... il a un style fleuri... (Lui tendant une pièce de cinq francs.) Tenez, rendez-moi trois francs !

PIMPETTE, à part.

Oh ! elle le prend donc pour un commissionnaire !

SALVATOR, à part.

La situation manque toujours de noblesse... mais c'est drôle !

* Hortense, Spartacus.
** Pimpette, Salvator, Hortense.
*** Salvator, Hortense, Pimpette.

HORTENSE, à Salvator, qui sourit sans prendre la pièce.
Eh bien ! est-ce que vous n'avez pas de monnaie ?
SALVATOR.
Vous l'avouerai-je ?... je n'en ai pas... et j'en aurais... que...
HORTENSE.
Pimpette, donnez quarante sous à cet homme.
PIMPETTE, embarrassée.
A cet homme ?
HORTENSE.
Sans doute... est-ce que vous ne les avez pas ?
PIMPETTE.
Si, madame, les voilà.
HORTENSE, les lui prenant et les offrant à Salvator.
Tenez, mon ami.
SALVATOR, souriant.
Oh ! oh !... deux francs !... le prix d'un fiacre à l'heure.
HORTENSE.
N'est-ce pas assez... pour avoir monté au second étage quel-
ques cartons et un tableau ?... je ne vous donnerai pas un sou
de plus, d'abord.
SALVATOR, regardant tour-à-tour en riant, Pimpette et Hortense.
Oh ! oh ! oh !
HORTENSE.
Eh bien ! voyons... les voulez-vous ?
PIMPETTE.
Mais, madame... c'est que monsieur n'est pas un commis-
sionnaire.
HORTENSE, avec embarras.
Comment ! monsieur n'est pas...
SALVATOR.
Non, madame, non !... cette tenue, que je ne qualifierai pas,
vous a trompée.
HORTENSE.
Mais alors, monsieur... qui êtes-vous donc ?
PIMPETTE.
Eh bien ! madame, monsieur est le peintre d'en haut... celui
dont vous admiriez le tableau l'autre jour.
HORTENSE, confuse.
Monsieur Salvator !
SALVATOR.
L'état civil le prétend.
PIMPETTE.
Même que vous lui trouviez tant de talent.
HORTENSE.
C'est bien... laissez-nous.
PIMPETTE.
Oui, madame... (A part.) Elle est vexée de s'être tro

ENSEMBLE.

Air de : *La Corbeille d'Oranges.*

HORTENSE.	PIMPETTE ET SALVATOR.
Singulière rencontre !	Singulière rencontre!
Empêchons, en tous cas,	Mais elle ne peut pas
Que rien ici ne montre	Faire que rien ne montre
Mon cruel embarras.	Ici son embarras.

(*Pimpette sort.*)

SCÈNE V.

HORTENSE, SALVATOR.

HORTENSE, confuse.

Un artiste... vous, monsieur... comment excuser ?...

SALVATOR.

Quoi donc? madame... une méprise que je bénis... Voici le fait... je me chauffais au soleil... une occupation que les historiens de l'antiquité prétendent avoir été celle de Diogène, et que les naturalistes affirment être l'unique distraction du lézard; vous arrivez au milieu d'une avalanche de cartons... et vous me faites ceci : Pst! pst! pst!... Madame, je ne vous le cache pas, avec ce pst-là, vous mèneriez un goutteux au bout du monde... Scarron lui-même... Scarron vous y eût suivie, malgré ses rhumatismes.

HORTENSE.

Oh ! monsieur.

Air de Mme FAVART.

Mon erreur fut vraiment trop forte !

SALVATOR.

Mais non, je trouve ça plaisant!

HORTENSE.

Vous prendre pour...

SALVATOR.

Eh ! mais, qu'importe!

Je ne vois là rien d'offensant...

HORTENSE.

(*Parlé.*) Cependant, commissionnaire...

SALVATOR, *chantant.*

C'est à Paris, je le proclame,
C'est encor un très-noble état!
Pour m'offenser, il eût fallu, madame,
Me prendre pour un auvergnat.

HORTENSE, confuse.

Je ne sais vraiment comment vous faire oublier cette mé-
Je sens que des excuses ne suffisent pas.

vator, Hortense.

SALVATOR, à part.

Oh ! quelle idée ! (Haut.) Vous avez raison, madame... des excuses ne suffisent pas... ma susceptibilité d'artiste a été froissée,
et j'ose vous demander...

HORTENSE.

Quoi donc ?

SALVATOR.

Une réparation complète.

HORTENSE.

Vous m'effrayez.

SALVATOR.

Rassurez-vous... je suis trop galant homme pour vous demander... une réparation par les armes... non !... D'ailleurs, le
duel est défendu... je voudrais... je...

HORTENSE.

Expliquez-vous, monsieur.

SALVATOR.

Voilà ! madame : Je termine en ce moment un tableau que je
destine à l'exposition universelle... il y sera refusé, c'est égal,
je l'y destine... le sujet en est heureux... la chaste Suzanne.
J'ai pris Suzanne au moment où, effleurant l'eau, de son pied
mignon, elle dénoue son peignoir... et laisse tomber...

HORTENSE, avec pudeur.

Monsieur...

SALVATOR.

Ces simples mots : Allons-y... Or, nulle part encore je n'avais
trouvé un type assez pur, assez beau, pour réaliser la Suzanne que j'ai rêvée... quand vous m'êtes apparue, madame,
sur le marche-pied d'une citadine, avec une capote rose, à
quatre roues. (S'animant.) Je vous ai vue... et si je vous ai
suivie, madame, c'est que je me suis dit que ma fortune était
faite, mon avenir assuré, s'il m'était permis de donner à ma
pudique baigneuse ces traits charmants.

HORTENSE, l'interrompant.

Monsieur...

SALVATOR.

Air de mademoiselle GARCIN.

Ah ! laissez-moi vous admirer encore !
De vos regards laissez moi m'enivrer...
Non, pour Suzanne, ici je vous implore,
Et mon pinceau saura seul s'inspirer.
Ces yeux qu'anime une pudique flamme,
Ce front si pur, ce timide embarras...
A ma Suzanne, ah ! prêtez-les, madame...
Prêter ainsi ne nous appauvrit pas...
Ah ! par pitié, ne me refusez pas.

HORTENSE.

Ainsi, c'est une séance que vous me demandez ?

1·

SALVATOR.

Je demande votre tête, madame... pour une heure seulement.

HORTENSE.

Je suis fille d'artiste, monsieur, j'oserai presque dire artiste moi-même, si j'en crois les éloges que vous avez bien voulu donner à cette petite toile.

SALVATOR.

Croyez-les, madame... croyez-les !

HORTENSE.

A ce double, titre, je comprends et j'excuse votre demande, quelque bizarre qu'elle soit.

SALVATOR.

Vous consentez ?

HORTENSE, souriant.

Ne vous dois-je pas une réparation ? je vous livre ma tête.

SALVATOR, avec joie.

Ah ! madame !

HORTENSE.

Pour une heure.

SALVATOR, à part.

J'aurais dû lui demander de poser l'ensemble...

PIMPETTE, annonçant.

Monsieur Dubourget !

SCÈNE VI.

LES MÊMES, DUBOURGET.

DUBOURGET.

Belle dame, je... (Il s'arrête interdit en voyant Salvator.)

HORTENSE.

Entrez, mon ami...

SALVATOR, à part.

Son ami !

HORTENSE, tendant la main à Salvator.

Nous nous reverrons, monsieur. **

SALVATOR, lui baisant la main.

Madame...

ENSEMBLE.

Air de MONTAUBRY. (*A qui mal veut.*) A moins d'être très-champêtre.

SALVATOR.	HORTENSE.
A bientôt notre séance !	A bientôt notre séance !
Que je bénis, en ce jour,	Grâce à votre prompt retour
Une erreur, qui, je le pense,	Je me ferai, je le pense,
Profiter à l'amour.	Tout pardonner en ce jour.

Salvator, Dubourget, Hortense.
Salvator, Hortense, Dubourget.

DUBOURGET.

De cet homme la présence
Est singulière en ce jour,
Mais je saurai, je le pense ,
M'opposer à son retour.

(Salvator salue cérémonieusement Hortense et sort.)

SCÈNE VII.

HORTENSE, DUBOURGET. *

DUBOURGET, regardant sortir Salvator.

Qu'est-ce que c'est que cet oiseau-là ?... (Se reprenant sur un geste d'Hortense.) je voulais dire ce particulier là ?

HORTENSE.

Oh ! toute une aventure... c'est un artiste... un peintre d'un grand talent que, tout à-l'heure, en descendant de voiture, j'ai pris pour un commissionnaire.

DUBOURGET.

Un commissionnaire ! il n'est pas assez solide pour ça... Il ne me va pas, ce monsieur.

HORTENSE.

Je vous prie cependant de le bien recevoir quand il reviendra.

DUBOURGET.

Il va revenir ?...

HORTENSE.

Mais oui... pour lui faire oublier ma méprise, il m'a demandé un service que je n'ai pas pu lui refuser.

DUBOURGET.

Ah ! ça, madame, vous ne serez donc jamais raisonnable !... recevoir un intrus !

HORTENSE.

Permettez, monsieur Dubourget... il me semble...

DUBOURGET.

Que vous n'êtes pas encore ma femme... parfaitement vrai, mais, vous le savez, je n'aime pas traîner les affaires, moi... me voilà de retour à Paris... marions-nous.

HORTENSE.

Comme cela... tout de suite... sans dire gare ?

DUBOURGET.

Pourquoi pas... voyons... nos intérêts sont liés, puisque toute la fortune de vôtre mari, la vôtre aussi, est dans mes usines, dans mes forges... Vous avez 200,000 fr., compromis , il est vrai, dans un procès douteux encore... j'en ai le double , mais ça ne fait rien... nous mettrons tout ensemble... vous verrez... c'est arrangé sur ce papier... et mille millions de nom d'un petit bonhomme !...

* Hortense, Dubourget.

HORTENSE.

Ah ! que c'est joli !

DUBOURGET, naïvement.

Quoi donc ? ça ne vous plairait pas ?

HORTENSE.

De vous entendre jurer toute la journée... mais non !

DUBOURGET.

Bah ! vous attachez de l'importance à cela... il fallait donc le dire... je me serais corrigé.

HORTENSE.

Oui, si vous pouviez.

DUBOURGET.

Très-facilement.

HORTENSE.

J'en doute.

DUBOURGET.

Pourquoi ?

HORTENSE.

Parce que chez vous c'est une habitude... et qu'à vôtre âge les habitudes...

DUBOURGET, avec force.

Mais, sacrebleu, madame, il me semble que quand je vous dis quelque chose...

HORTENSE.

Fort bien ! emportez-vous pour me faire voir que vous êtes patient.

DUBOURGET.

Vous avez raison... je ne suis qu'une brute... mais, pour vous être agréable, je deviendrai un agneau... vous m'attacherez avec un ruban rose, je bêlerai.

HORTENSE.

Vous ne serez pas une heure sans briser votre collier.

DUBOURGET.

Vous croyez ?

HORTENSE.

Oh ! je vous connais... je vous vois tous les jours... et...

DUBOURGET.

Oh ! à la campagne... là-bas, à Auteuil, l'air est vif, le sang circule plus vite... je me croyais encore dans mes montagnes... auprès de mes forgerons... mais ici, à Paris, dans ce petit appartement si coquet, si gracieux, je me sens plus docile... Je comprends que mes allures brusques y seraient déplacées... tout comme ma toilette de campagne.

HORTENSE.

Ce n'est pas de cela que je me plains.

DUBOURGET.

Vous n'aurez à vous plaindre de rien... (Sur un geste d'Hortense.)
Vous en doutez... mettez-moi à l'épreuve... promettez-moi que
notre contrat sera signé demain... si d'ici à demain...

HORNENSE, vivement.

Vous n'avez ni juré, ni donné accès à quelqu'un de vos beaux
emportements... je le veux bien !

DUBOURGET.

C'est convenu !

HORTENSE.

Mais si vous manquez à votre parole ?

DUBOURGET.

Je n'y manquerai pas... j'en suis tellement sûr que je vole
chez le notaire... ah ! mille mill...

HORTENSE.

Eh bien ?...

DUBOURGET.

Ça ne compte pas... c'est la joie !

HORTENSE.

Ou bien l'habitude... et comme je ne veux pas que vous esca-
motiez mon épreuve, nous passons la journée ensemble.

DUBOURGET.

Cela va sans dire.

ENSEMBLE.

Air de *l'Enfant Prodigue*.

Vraiment ce projet
Me plaît,
Et je l'aime ;
C'est le bonheur même
Qu'il promet.

DUBOURGET, après avoir accompagné Hortense.

Je vole chez le notaire !

(Hortense entre à droite ; Dubourget en sortant par le fond, heurte
Spartacus qui entre.)

SCÈNE VIII.

PIMPETTE, puis SPARTACUS.

(Spartacus porte un chevalet, une toile, une boîte à couleurs des pinceaux, etc.)

DUBOURGET, à la porte.

Mille millions !... prenez donc garde !

SPARTACUS, à la cantonnade.

Excusez, monsieur, excusez. (Entrant.)

PIMPETTE, entrant par la gauche.

Bon Dieu ! que voulez-vous faire de tout cela ?

* **Pimpette, Spartacus.**

SPARTACUS.

Je l'ignore absolument... je suis les instructions de Salvator.

PIMPETTE.

Est-ce que vous espérez que je vais vous laisser faire votre gâchis dans ce salon ?

SPARTACUS.

Salvator m'a dit : descend tout ceci chez madame de Flaville, et je descends tout ceci chez madame de Flaville. *

PIMPETTE, désignant le chevalet.

Mais ce n'est pas la place d'une échelle dans un boudoir.

SPARTACUS.

Rien n'est à sa place ici bas ; tu devrais être sur un trône, et tu n'y es pas.

(On sonne.)

PIMPETTE.

Bien !... madame qui sonne !

(On sonne encore.)

SPARTACUS.

Tu devrais être de l'autre côté, et tu es ici.

PIMPETTE, entrant à droite.

Votre monsieur Salvator est fou, parole d'honneur !

SCÈNE IX.

SPARTACUS, disposant le chevalet, la toile, etc.

Pimpette a raison : Salvator perd la boule... je l'ai laissé là-haut, se livrant aux occupations les plus extravagantes... Il se lave les mains !... notaire, va !... Quelle fantaisie ! peindre dans ce salon, un endroit où on ne peut ni fumer ni... enfin ! improvisons un atelier. (Plaçant un fauteuil.) La place du modèle ici... le chevalet, là... Des rideaux... des tentures... pour donner des tons faux... supprimons, dans l'intérêt de l'art... (Il monte sur une chaise et arrache violemment les rideaux de la fenêtre.) Là... trop de jour, à présent... adoucissons la lumière. (Il pose les rideaux en travers de manière à cacher le bas de la fenêtre.) Comme cela c'est possible !... voici le pacha qui s'avance, espérons qu'il sera content.

SCÈNE X.

SPARTACUS, SALVATOR, habillé en noir, cravate blanche, gants paille, chapeau à la main. — Il s'apprête à saluer respectueusement. **

SPARTACUS.

C'est fait !

* Spartacus, Pimpette.
** Spartacus, Salvator.

SALVATOR.

Tiens, tu es seul ?

SPARTACUS.

Absolument seul... cristi !... Tourne-toi donc un peu... quel chic !

SALVATOR.

Elle ne me prendra plus pour un commissionnaire... je dois avoir l'air d'un avoué en bonne fortune. C'est égal !... je m'ennuie là-dedans !... où est-elle ?

SPARTACUS.

Ta veuve ?... je la crois en train de se harnacher pour te recevoir.

SALVATOR.

Dispose ma palette, mes pinceaux.

SPARTACUS.

Tu vas faire son portrait ?

SALVATOR.

Elle va poser pour ma Suzanne.

SPARTACUS.

En costume de bain? je reste.

SALVATOR.

Mais non... la tête seulement.

SPARTACUS.

N'importe ! je reste.

SALVATOR.

Pas du tout... tu m'empêcherais de travailler.

SPARTACUS.

Travailler !... voilà ton grand mot, à présent... mon bonhomme, tu te crétinises.

SALVATOR, les yeux fixés sur la porte de droite.

Va-t-en !... je veux être seul avec elle.

SPARTACUS.

Est-ce que par hasard, tu serais amoureux ?

SALVATOR.

Ça ne te regarde pas, va-t-en !

SPARTACUS.

Ah ! Salvator, que tu m'affliges !

SALVATOR.

Possible, mais laisse-moi.

SPARTACUS.

Je suis dans l'antichambre... si tu as besoin de moi? tu sais... (Imitant le cri des gamins qui s'appellent.) Brou... ou... ou... outt !

SALVATOR.

Veux-tu bien te taire ?

SPARTACUS.

Je me la brise ! (Il sort par le fond.)

SCÈNE XI.

SALVATOR, seul.

Eh bien ! oui, je suis amoureux... ou je suis bien près de l'être... je sens ça aux soubresauts de ma bretelle. (Il passe la main dans son habit.) Au fait, pourquoi ne le serais-je pas ?... L'exemple des grands maîtres m'autorise : Raphaël aimait la Fornarina, il l'asseyait même sur ses genoux, si j'en crois la gravure... polisson de Raphaël ! Titien s'émancipait avec Violante, et quant à Léonard de Vinci, rien ne prouve qu'il n'ait pas donné un cachemire et un petit coupé à la Joconde... Allons !... allons... j'ai le droit d'être amoureux... et de chanter comme un ténor !

Air : *nouveau de M. Mangeant.*

Viens, apparais et crible
Mon cœur comme une cible ;
O petit Dieu d'amour !
Sans retour.
Viens, je livre à ta flamme
Et mon corps et mon âme ;
Viens, je me livre à toi,
Prends-moi.
Elle est si belle !
Souffrir pour elle,
Quel doux espoir pour mon cœur enchanté !
Douleurs infâmes,
Qu'on doit aux femmes,
Soyez mon lot, j'en serai transporté.
Viens, apparais, etc.

La porte s'ouvre ! c'est elle !...

SCÈNE XII.

SALVATOR, HORTENSE en peignoir blanc, très-élégant.[*]

HORTENSE.

Mon Dieu, que signifie tout cet attirail... monsieur Salvator ?

SALVATOR.

Je suis un créancier bien exigeant, n'est-ce pas madame ?[**]

HORTENSE.

Etions-nous donc convenus aussi que vous viendriez vous établir chez moi ?

SALVATOR.

Vous n'auriez pas consenti, je pense, à venir dans mon atelier ?

HORTENSE.

C'est vrai !

[*] Salvator, Hortense.
[**] Hortense, Salvator.

SALVATOR.

Alors, il fallait bien... d'ailleurs, je ne ferai que passer ici... (Avec mélancolie.) comme l'hirondelle... ou le canard sauvage... une heure.

HORTENSE.

C'est ce que je vous dois.

SALVATOR, soupirant.

Ah! que ne puis-je, comme Josué, mettre des bâtons dans les roues du char du soleil.

HORTENSE.

N'oublions pas, monsieur, que nous ne sommes ici que dans l'intérêt de l'art. (Elle s'est approchée du chevalet et regarde le tableau.) Ah! ça promet... Eh bien, monsieur, ne perdons pas de temps... mettez-vous au travail.

SALVATOR.

Tout de suite ?

HORTENSE.

Tout de suite.

SALVATOR.

Vous me condamnez aux travaux forcés ?

HORTENSE.

Soit!...* (Elle s'est assise. — A part, en regardant Salvator qui ôte ses gants.) C'est qu'il a fort bonne façon... (Haut. Elle laisse tomber un côté de ses cheveux.) Est-ce bien ainsi ?

SALVATOR.

Parfaitement... la tête un peu plus de mon côté... très-bien... et daignez me regarder le plus doucement que vous pourrez !

HORTENSE.

Est-ce bien utile ?

SALVATOR.

Utile et agréable : *utile dulci*, comme disent les professeurs de rhétorique et bien d'autres encore.

HORTENSE, indiquant la pendule.

Il est une heure moins cinq... à deux heures...

SALVATOR.

Je vous rends votre tête... (Il a retiré ses gants et pris sa palette.)

HORTENSE, posant.

Trouvez-vous ma toilette ?...

SALVATOR.

Charmante! Le peignoir un peu trop montant, peut-être.

HORTENSE, souriant.

Ah !

SALVATOR.

Trop de peignoir pour une femme qui va prendre un bain.

* Salvator, Hortense.

HORTENSE.

Et l'expression de la physionomie?...

SALVATOR.

Divine, madame , divine... à ce point que j'excuserais presque
la convoitise de ces deux vieillards... (Il se rapproche, la palette
à la main.) Il y a en effet dans vos yeux... sur vos lèvres...

HORTENSE.

Vous ne travaillez pas, monsieur.

SALVATOR, disposant sa palette.

J'étale, madame, j'étale... (Tournant derrière elle.) *et jusque
dans le parfum de vos cheveux...

HORTENSE.

Mais ce n'est pas ici votre place...

SALVATOR.

Il faut bien que j'observe de près la finesse des détails...
(Elle l'éloigne avec la main. — Salvator la lui prend.) Ne pouvoir
reproduire une aussi jolie main ? Quel dommage !... (Inspiré.)
Ah !

HORTENSE.

Quoi donc ?

SALVATOR.

Placez la ici. (Dénouant le ruban rose qui attache la partie supé-
rieure du peignoir.) Comme ça...

HORTENSE.

Monsieur...

SALVATOR, confus, à part.

Sapristi !... j'ai été trop loin... (Haut, avec embarras.) Si vous
dégagiez un peu les épaules... **

HORTENSE.

Je ne vous dois que la tête...

SALVATOR.

Sans doute... mais on n'est pas d'accord sur le point où s'arrête la tête... D'après certains maîtres, la tête s'entend du cou,
des épaules, des bras... D'après d'autres, elle descend encore...

HORTENSE, demi sérieuse.

Prenez garde !... j'ai accordé cette séance à un artiste et pas
du tout à un fou... je pourrais l'interrompre...

SALVATOR.

Pardonnez, madame, mais l'amour de l'art...

HORTENSE.

Retournez à votre toile, et travaillez... (Regardant la pendule.)
Une heure un quart... Déjà vingt minutes d'écoulées.

SALVATOR.

Oh ! votre pendule avance !... (Regardant sa montre.) J'ai neuf

* Hortense, Salvator.
** Salvator, Hortense.

heures moins cinq... (Il porte la montre à son oreille et la secoue.)
Elle va !...

SCÈNE XIII.

LES MÊMES, DUBOURGET.[*]

DUBOURGET, entrant en toilette.

Me voilà !... Qu'en dites-vous, madame ?...

HORTENSE , examinant Dubourget.

Superbe !... mais ne me dérangez pas, je paie ma dette...

DUBOURGET.

Ah ! l'artiste !

SALVATOR.

Que le diable l'emporte, celui-là !

DUBOURGET.

Ah ! oui... on vous peint... vous aimez ces petites drôleries-
là... Enfin, chacun son goût... (Il va au tableau de Salvator et le
mesure par derrière avec sa canne.)

SALVATOR.

Qui est-ce qui farfouille par là ?...

DUBOURGET.

Ne faites pas attention, jeune homme, je regardais si votre tableau pouvait me convenir...

SALVATOR.

Ah ! bah !

HORTENSE.

Eh bien ?

DUBOURGET.

Il s'en faut de six pouces.

SALVATOR.

Oh ! qu'à ça ne tienne... je vous mettrai un béquet... (A part.)
Savetier, va ! (Haut.) Pardon, ôtez-vous de là, je vous prie...

DUBOURGET.

Comment ! comment ! que je m'ôte ?

HORTENSE.

Mais sans doute, mon ami, vous masquez le modèle.

DUBOURGET.

Ah ! oui... (Il passe derrière Salvator. — A part.) Il n'est pas
très poli, ce monsieur...[**] et si je n'avais pas juré de ne me pas
mettre en colère... (Il s'assied.)

SALVATOR, à part.

A quoi ça peut-il lui servir, un animal comme ça ?...

DUBOURGET.

D'ici, je ne vous gênerai pas... et je verrai mieux comment
on s'y prend pour faire tous ces barbouillages...

[*] Salvator, Dubourget, Hortense.
[**] Dubourget, Salvator, Hortense.

SALVATOR, à part, vexé.

Barbouillage !... attends... (Haut.) Erreur, monsieur, erreur... Apprenez que les artistes ne peuvent pas souffrir qu'on les voie travailler... Leur pruderie à cet égard ne peut se comparer qu'à celle de l'éléphant blanc.

DUBOURGET.

Qu'est-ce qu'il me chante?.. l'éléphant blanc...

SALVATOR, continuant

Qui, au dire des naturalistes, cache soigneusement ses amours aux regards des voyageurs.

DUBOURGET.

Eh bien... après ?... qu'est-ce que ça prouve ?

SALVATOR.

Ça prouve que vous ne pouvez pas rester là...

DUBOURGET, remontant.

Mais, monsieur, je vous gêne donc partout où je suis ?

SALVATOR.

Loin de moi cette pensée : Si vous étiez seulement sur la place de la Concorde, vous ne me gêneriez pas du tout !

DUBOURGET, s'emportant.

Savez-vous bien, monsieur...

HORTENSE.

Mon ami...

DUBOURGET, se calmant.

C'est juste... (A lui-même.) J'allais m'oublier.

HORTENSE.

Tenez, asseyez-vous là ! *

SALVATOR.

Dans le coin... et soyez sage.

DUBOURGET.

Hein !

SALVATOR.

Si vous pouvez.

DUBOURGET, gracieusement à Hortense.**

Tout, madame, tout pour vous être agréable. (A part, regardant Salvator.) Si je n'avais pas juré... comme je jurerais !

SALVATOR, à Dubourget qui s'est assis.

Parfait comme ça... rien ne m'empêche plus de vous prendre pour l'un des deux vieillards qui convoitent la chaste Suzanne.

HORTENSE.

C'est charmant ! (A Dubourget.) vous allez poser.

SALVATOR, à part.

Je l'espère bien.

* Salvator, Dubourget, Hortense.
** Salvator, Hortense, Dubourget.

DUBOURGET, à part, avec des signes d'impatience.

En voilà un sur qui je me rattraperai demain... c'est-à-dire que si...

SALVATOR.

Ah! mais... vous posez pour le télégraphe Montmartre, à présent... il s'agit de la chaste Suzanne... Pénétrez-vous de la situation vieillard... Suzanne... c'est-à-dire madame, dénoue son peignoir... vous attendez avec impatience le moment où tombera ce dernier voile... vos regards s'enflamment...

DUBOURGET.

C'est vrai.

SALVATOR.

Vous la dévorez des yeux.

DUBOURGET, regardant Hortense avec transport.

C'est vrai !

SALVATOR.

La passion vous rend très-laid !

DUBOURGET.

C'est vrai... (S'interrompant.) Ah ça ! qu'est-ce que vous me faites donc dire ? (Il se lève.)

HORTENSE.

Mon ami !

SALVATOR, peignant toujours.

Quel sujet que cette Suzanne au bain ! n'est-ce pas l'image de l'amour, dont l'étincelle ardente va réveiller le désir jusque dans les enveloppes les plus cacochymes... et ce vieillard... cette ébauche mal venue d'une créature humaine... que monsieur représente si bien.

DUBOURGET, avec un mouvement violent.*

Ah ! par exemple ! cette fois...

HORTENSE, se levant.

Eh bien ! qu'avez-vous ?

DUBOURGET, avec une fureur concentrée.

Moi, rien... mon notaire m'attend.

HORTENSE.

Mais vous venez de le voir.

DUBOURGET.

Il n'était pas chez lui... et...

SALVATOR.

D'ailleurs, monsieur a besoin de sortir... il a le sang à la tête.

DUBOURGET.

Oui... oui... j'ai les oreilles échauffées... (A Hortense.) Au revoir, madame... au revoir ! (Il sort.)

SALVATOR, riant.

Ah ! enfin !

____

* Salvator, Dubourget, Hortense.

SCÈNE XIV.

SALVATOR, HORTENSE. *

HORTENSE, qui s'est levée pendant la fin de la scène.

Savez-vous que vous avez été cruel pour monsieur Dubourget ?...

SALVATOR.

Un homme qui juge les tableaux... à la canne !

HORTENSE.

Heureusement que, sans vous en douter, vous m'avez rendu service.

SALVATOR.

Comment cela ?

HORTENSE, passant derrière Salvator.

Peu vous importe !

SALVATOR, à part.

Oh ! mais je continuerai.

HORTENSE, regardant le tableau.

Vous avez beaucoup parlé... mais vous n'avez pas fait grand' chose.

SALVATOR.

Oh ! nous avons bien le temps... l'exposition n'ouvre que dans six mois... mais à présent que les importuns sont partis je vais travailler comme un nègre.

HORTENSE.

Pardon... notre séance est finie.

SALVATOR.

Ça n'est pas possible !

HORTENSE.

Vraiment si... voyez ! (Elle montre la pendule qui a sonné deux heures.)

SALVATOR.

Mon Dieu, madame, pourquoi donc avez-vous de ces machines-là chez vous ?...

HORTENSE.

Comment ! pourquoi ?

SALVATOR.

Ah ! si je tenais entre mes dix doigts le nommé Pendule qui doit avoir inventé ces affreuses petites mécaniques, ces horribles petits tyrans domestiques qui vous découpent la vie en tranches comme le melon... car c'est une honte pour l'humanité qu'un million d'êtres civilisés se mettent à table, sans avoir ni faim ni soif, sous le prétexte qu'un morceau de fer est retombé six fois sur un timbre de cuivre... que les mêmes moutons croient devoir se coucher parce que le même timbre a retenti douze fois, qu'on chiffre par les mêmes procédés le temps qu'on passe à parler d'affaires avec son portier, sa blanchisseuse ou des

* Hortense, Salvator.

huissiers, et les heures rapides qui s'écoulent auprès d'une divinité comme vous... et pourquoi, je vous le demande?... parce qu'on veut avoir sur sa cheminée, le portrait de Bélisaire, Maleckadel, ou le char du soleil... * C'est insensé ! je le déclare.

HORTENSE.

Vous êtes amusant !... mais cette affreuse petite mécanique, comme vous l'appelez, a sonné deux heures...

SALVATOR.

Et vous me quittez... mais, ma pauvre Suzanne ?

HORTENSE.

Votre Suzanne ?... vous l'achèverez.

SALVATOR.

Sans vous ?

HORTENSE.

Je ne me suis engagée que pour une heure !

SALVATOR.

Une heure !

HORTENSE, près de la porte.

Mais, continuez à travailler dans ce salon, si cela vous plaît... moi, j'ai quelques ordres à donner. (Elle entre à droite.)

SCÈNE XV.

SALVATOR, SPARTACUS.**

SPARTACUS, entr'ouvrant la porte du fond et entrant dès qu'Hortense a disparu.

Elle est partie !

SALVATOR.

Ah ! te voilà, idiot, qu'est-ce que tu fais ici ?

SPARTACUS.

Moi, rien... et toi?... où en es-tu ?

SALVATOR.

Moi, je suis occupé à devenir éperdument amoureux.

SPARTACUS.

Ah bah?

SALVATOR.

Je l'ai trouvé ma Fornarina... ma Joconde... je tourne au Raphaël... au Léonard de Vinci... Ah ! sapristi ! je ne sais pas son nom.

SPARTACUS.

Je le sais, moi !... Pimpette me l'a dit... Hortense !

SALVATOR, avec éclat.

Hortense !... tu es sûr qu'elle s'appelle Hortense?... comme ça se trouve !... moi qui avais toujours rêvé une femme qui s'appelât Pauline... Enfin la postérité au lieu de dire la Pauline de Salvator... dira la Hortense de Salvator...

---

* Salvator, Hortense.
** Spartacus, Salvator

SPARTACUS.

Non... de Dubourget !

SALVATOR.

Qu'est-ce que tu chantes?

SPARTACUS.

Puisqu'elle l'épouse.

SALVATOR.

L'homme à la canne ?... elle épouse l'homme à la canne ?

SPARTACUS.

C'est Pimpette qui me l'a dit... (voyant entrer Pimpette.) Tiens,
demande le lui, à elle-même.

SCÈNE XVI.

LES MÊMES, PIMPETTE.* .

SALVATOR, amenant Pimpette en scène.

Ta maîtresse épouse monsieur Dubourget ?

PIMPETTE.

Oui, monsieur.

SALVATOR.

C'est impossible !

PIMPETTE.

Ne criez pas si fort.

SALVATOR.

Elle n'y consentira pas !

SPARTACUS.

Mais puisqu'elle y a consenti.

PIMPETTE.

Oh ! pardine !... ça n'a pas été sans peine... mais dame ! il
est rusé, le vieux renard.

SPARTACUS.

Il l'a entortillée.

PIMPETTE.

Joliment... allez... Depuis que madame est veuve, il n'a laissé
personne arriver jusqu'à elle.

SALVATOR.

Le gueux !... il la séquestrait... il profitait de ce qu'elle était
sans appui, sans défenseur !... mais, désormais, elle en aura
un !... et pour commencer le Dubourget ne remettra plus les
pieds ici !

SPARTACUS.

C'est ça !... tu lui flanqueras la porte sur le nez !

PIMPETTE.

Oui, mais il écrira. (Montrant une lettre.) Voyez plutôt.

SPARTACUS.

Qu'est-ce que c'est que ça ?

* Spartacus, Pimpette, Salvator.

PIMPETTE.

Une lettre très-pressée qu'il vient d'envoyer de chez le notaire, et que j'allais remettre à madame quand vous m'avez
arrêtée.

SAVALTOR, la déchirant.

La voilà à son adresse... et s'il demande la réponse, dis-lui
que ta maîtresse l'a déchirée sans la lire. ˗

PIMPETTE.

Et s'il veut voir madame ?

SALVATOR.

Réponds qu'elle ne sera pas visible de dix ans.

PIMPETTE.

Dix ans !

SALVATOR.

D'ici là espérons qu'il sera feu, feu Dubourget...

SPARTACUS, à la porte du fond.

Diable ! petit bonhomme vit encore... Le voici !

SALVATOR.

L'homme à la canne !... Attention ! nous allons le recevoir...

SCÈNE XVII.

LES MÊMES, DUBOURGET. ˙˙

DUBOURGET, entrant.

Personne dans l'antichambre... (voyant Salvator.) Encore ici !

SALVATOR.

Que voulez-vous, monsieur ?... que demandez-vous ?

DUBOURGET.

Mais... madame de Flaville.

SALVATOR.

Elle est sortie.

SPARTACUS.

Sortie.

PIMPETTE.

Sortie.

DUBOURGET, étonné.

Ah ! eh bien ! je l'attendrai.

SALVATOR.

Elle ne rentrera pas.

SPARTACUS.

Rentrera pas.

PIMPETTE.

Rentrera pas.

* Spartacus, Salvator, Pimpette.
** Spartacus, Pimpette, Dubourget, Salvator.

DUBOURGET, s'animant.

Comment, elle ne rentrera pas!... elle n'a donc pas reçu ma lettre?

SALVATOR.

Pardon, monsieur. (il lui montre la lettre qui est à terre.)

DUBOURGET.

Hein !

SALVATOR.

Et il en sera de même de toutes les lettres que vous lui ferez le déplaisir de lui adresser.

DUBOURGET, s'avançant.

Monsieur!

SALVATOR.

Monsieur !

DUBOURGET, à part, se ravisant.

Oh ! maladroit ! c'est une épreuve !... je suis sûr qu'elle nous écoute... Ils s'entendent tous. (Haut, avec un ton très-doux.) Mille pardons, monsieur... mais puisque c'est madame de Flaville elle-même qui vous a chargé...

SALVATOR.

De vous donner votre congé... oui, monsieur.

SPARTACUS.

Oui, monsieur.

PIMPETTE.

Oui, monsieur.

DUBOURGET.

Je me résigne. (A part.) Elle est par là, derrière les rideaux. (Haut.) J'aurais cependant bien voulu lui dire...

SALVATOR.

Eh bien ! allez à Auteuil... elle vous y attend.

DUBOURGET.

A Auteuil.

SALVATOR.

Par le chemin de fer...

PIMPETTE.

De ceinture.

SPARTACUS.

Rue Saint-Lazare.

DUBOURGET.

Elle y est donc retournée?

SALVATOR.

Probablement.

PIMPETTE.

Assurément.

SPARTACUS.

Indubitablement.

DUBOURGET, à part.

Oh ! ils m'agacent avec leurs adverbes. (Haut.)Mais c'est im-possible!

SALVATOR.

Un démenti ! monsieur.

DUBOURGET.

Eh ! mille millions ! (S'arrêtant et regardant autour de lui comme si on l'écoutait ; très-calme.) C'est-à-dire, du moment que vous me l'affirmez... (A part.) Ah ! belle dame, vous croyez me faire mettre en colère... (Haut.) J'y cours, monsieur... j'y cours.

SALVATOR.

A la bonne heure !

PIMPETTE.

Vite, vite... vous allez manquer le convoi.

SPARTACUS.

L'omnibus est au Carrousel.

DUBOURGET, très-gracieusement.

Merci.

ENSEMBLE.

Air : *Ouverture de M. Pantalon.*

DUBOURGET.

Partons, partons, partons, partons bien vite !
C'est le bonheur, ou mieux, c'est l'amour qui m'invite ;
De mon humeur calmons l'accès...
C'est le succès !

PIMPETTE, SPARTACUS, SALVATOR.

Partez, partez, partez, partez donc vite !
C'est le bonheur, ou mieux, l'amour qui vous invite !
Aux lieux où vous vous transportez...
Partez ! partez !

DUBOURGET, à la porte.

C'est égal ! demain, ils me paieront ça ! (Dubourget sort.)

SCÈNE XVIII.

PIMPETTE, SALVATOR, SPARTACUS, puis HORTENSE.*

SPARTACUS, chantant.

La victoire est à nous... pan, pan, pan,
La victoire...

PIMPETTE.

Comme il s'est radouci !

SALVATOR.

Le voilà parti... mais il peut revenir... il faut qu'il ne trouve plus personne ici.

PIMPETTE.

C'est ça... mais qu'allez-vous faire ?

* Spartacus Pimpette, Salvator.

SALVATOR.

Ce que je vais faire... (Résolument.) J'enlève ta maîtresse.

PIMPETTE.

Ah bah !

SPARTACUS, à Pimpette.

Je t'enlève aussi.

PIMPETTE.

Tiens, tiens, tiens.

HORTENSE, qui est entrée sur les derniers mots. *

M'enlever !

SALVATOR.

Madame...

HORTENSE, l'interrompant, avec sévérité.

Assez, monsieur. (A Pimpette et à Sparcatus.) Laissez-moi seule avec monsieur. ** (A Pimpette.) Vous m'avez entendue ?

PIMPETTE.

Oui, madame.

SPARTACUS.

Par Jupiter !... on dirait que ça se gâte.

(spartacus et Pimpette sortent.)

SCÈNE XIX.

SALVATOR, HORTENSE.

HORTENSE.

Me ferez-vous l'honneur, monsieur, de me dire ce que tout cela signifie ?

SALVATOR.

Rien de plus simple, madame... grâce à Pimpette, je sais tout.

HORTENSE.

Mais, que pouvez-vous savoir ?

SALVATOR.***

Cette digne et honnête fille a trahi tous vos secrets... Elle m'a raconté les obsessions de ce Dubourget, l'histoire de votre prochain mariage... et j'ai résolu de vous sauver... A l'aide d'un petit mensonge, je vous ai débarrassé de l'homme à la canne.

HORTENSE.

L'homme à la canne?

SALVATOR.

Oui, Dubourget... Spartacus, Pimpette et moi, nous l'avons flanqué dehors... Il navigue en ce moment pour Auteuil... (Riant.) par le chemin de fer...de ceinture... convoi peu direct... petite vitesse.

---

* Spartacus, Pimpette, Salvator, Hortense.
** Spartacus, Pimpette, Hortense, Salvator.
*** Hortense, Salvator.

HORTENSE.

Ah ! mademoiselle Pimpette vous a dit... (Elle va tirer le cordon de sonnette, à gauche. — Pimpette paraît au fond) *

PIMPETTE.

Madame a sonné ?

HORTENSE , très-froidement.

Mademoiselle, je vous chasse.

PIMPETTE.

Moi, madame?

HORTENSE.

Sortez. (Pimpette sort.)

SALVATOR, interdit, à lui-même.

Ah bah !

HORTENSE, à Salvator.

Quant à vous, monsieur, je vous prie de ne pas tant vous mettre en peine de ce qui ne regarde que moi seule... Ce matin, j'ai voulu vous faire oublier ma méprise ; j'ai accueilli trop légèrement peut-être une demande un peu folle... mais je ne vous croyais pas homme à m'en faire repentir.

SALVATOR , confus.

Madame...

HORTENSE.

Je sais comment m'arranger un bonheur à ma manière... et je vous dispense du soin de vous en occuper... (Elle s'assied.) **

SALVATOR, après un moment de silence et d'hésitation , ferme sa boîte à couleurs, enlève son chevalet et appelle.

Spartacus !

HORTENSE.

Que faites-vous donc ? votre tableau n'est pas achevé.

SALVATOR.

Il ne le sera jamais, madame !

HORTENSE.

Pourquoi donc ?

SALVATOR.

Parce qu'il faudrait vous revoir... et que vous revoir sans vous dire que je vous aime...

HORTENSE.

Monsieur.

SALVATOR.

Vous le voyez, chacune de mes paroles vous fâche... Adieu, madame.

HORTENSE.

Ecoutez-moi... j'ai peut-être été un peu loin, mais, convenez que de votre côté...

* Salvator, Hortense.
** Hortense, Pimpette, Salvator.

SALVATOR.

Que voulez-vous !... je sais bien que je suis absurde ! mais, en vous voyant, j'ai perdu la tête !... j'ai vu que vous étiez jolie, et je ne me suis pas dit que vous étiez riche... tandis que moi... (Avec une émotion comique.) Aller se figurer qu'un gueux qui n'a que sa palette entre ses doigts... sans nom, sans avenir... peut-être sans talent...

HORTENSE.

Oh ! vous êtes sévère.

SALVATOR.

Non... j'étais idiot ! mais la pensée de ce mariage...

HORTENSE.

Ce matin encore, ce mariage pouvait se rompre... ce soir... je suis forcée de l'accepter.

SALVATOR.

Forcée... mais pourquoi ? par qui ?

HORTENSE.

Par qui ? par vous, monsieur.

SALVATOR.

Par moi !

HORTENSE.

Parfaitement, je puis vous l'avouer maintenant, j'avais imposé à monsieur Dubourget, une condition qu'il avait acceptée... et qu'il aurait eu grand' peine à tenir... je pouvais être libre ce soir... mais en faisant fuir monsieur Dubourget, en l'envoyant promener à Auteuil, vous lui avez rendu facile l'exécution de cette condition... de telle sorte qu'avant une heure, il sera, grâce à vous, tout-à-fait en droit de venir réclamer ma parole et ma main.

SALVATOR.

Est-ce possible ?

HORTENSE.

Rien n'est plus vrai... c'est vous, monsieur, qui m'avez mariée ?

SALVATOR.

Oh ! mais cette condition, madame, quelle est-elle ? Dites-la moi... et je vous promets bien de l'y faire manquer... fallût-il remuer le ciel et la terre, je jure à vos genoux...

HORTENSE.

Relevez-vous, monsieur... (Dubourget paraît au fond, fait un mouvement pour avancer, et s'arrête.)

SALVATOR.

Non, madame... oh ! parlez, parlez... nous avons encore une heure... et d'ici là...

HORTENSE.

Non, monsieur.

SALVATOR, lui prenant les mains qu'il embrasse.

Oh ! je vous en prie... je vous en supplie.

SCÈNE XX.

Les Mêmes, DUBOURGET.[*]

DUBOURGET, très-calme.

Ah ! bravo ! bravo !

HORTENSE.

Monsieur Dubourget !...

SALVATOR.

Il a manqué le convoi... tant mieux.

DUBOURGET, à Hortense.

Très-bien joué, madame, vous m'aviez entendu venir... et cette petite scène d'amour... mais vous voyez, je suis calme.

HORTENSE.

Monsieur...

DUBOURGET.

Je vous l'avais dit... un mouton, madame... (A Salvator.) un vrai mouton ! .

SALVATOR, bas à Dubourget.

Monsieur, je suis à vos ordres.

DUBOURGET.

Un duel ! de mieux en mieux !... rien n'y manque... Ah ! savez-vous, jeune homme, que vous jouez très-bien votre rôle..

SALVATOR.

Mon rôle !

DUBOURGET.

Sans doute... celui que madame vous a tracé dans la petite comédie à laquelle j'assiste ici depuis ce matin.

SAZVATOR.

Une comédie ! monsieur... expliquez-vous... je vous prie.

DUBOURGET.

C'est bien simple... madame vous a dit la condition qu'elle a mise à notre mariage.

SALVATOR.

La condition...

DUBOURGET.

Vous savez que s'il m'arrive une seule fois aujourd'hui de jurer ou de me mettre en colère, je perds tous mes droits, je suis obligé de lui rendre la parole...

SALVATOR, à part.

Ah ! c'est là la condition.

DUBOURGET.

Et depuis ce matin, vous l'aidez dans les épreuves qu'elle me fait subir.

[*] Salvator, Dubourget, Hortense.

HORTENSE, troublée.

Oui... oui... c'est cela.

SALVATOR, très-sérieusement.

Du tout, monsieur. Madame ne m'avait rien dit.

DUBOURGET.

Très-bien... très-bien... Vous ne me fâcherez pas... pas plus que ne m'ont fâché vos plaisanteries de ce matin.

SALVATOR.

Quand je vous jure...

DUBOURGET.

Mon voyage à Auteuil... la scène de la lettre que madame a déchirée sans la lire... comme toutes celles que je lui ferai le déplaisir de lui adresser... (Riant.) Ah ! ah ! ah !

SALVATOR, furieux.

Mais quand je vous dis...

HORTENSE.

De quelle lettre parlez-vous ?

DUBOURGET, ramassant la lettre.

Mais de celle-ci... que je vous ai écrite de chez le notaire.

SALVATOR.

Je vous ai déjà dit que madame ne l'avait pas lue... C'est moi qui me suis permis... (Il fait le geste de déchirer.)

DUBOURGET.

Vous !... (A Hortense.) Mais, alors, madame, vous ignorez ce qui se passe ?

HORTENSE.

Quoi donc ?... Parlez, monsieur.

DUBOURGET.

Ce procès d'où dépendait votre fortune...

HORTENSE, avec joie.

Ce procès... eh bien ! achevez. Je l'ai perdu... je serais ruinée ?

DUBOURGET.

Eh ! mon Dieu, madame, de quel ton vous me dites cela ?... Au contraire, je viens vous annoncer que, grâce à mes soins, tout est terminé à votre satisfaction, sans plaidoiries, sans avocats.

SALVATOR.

Il serait possible !

HORTENSE, tristement.

Merci, monsieur Dubourget... et croyez que...

DUBOURGET, à part.

Ah ! ça, mais il se passe ici quelque chose d'extraordinaire... (Surprenant des gestes entre Hortense et Salvator.) Ah ! je com-

prends... mais, nous allons voir ! Enfin, madame, vous voilà
riche, libre...

SALVATOR.

Le fait est que, maintenant...

DUBOURGET.

Ce n'est pas à vous que je parle... c'est à madame que je
m'adresse, monsieur...

HORTENSE.

Monsieur Dubourget, je sais tout ce que je vous dois de re-
connaissance... je n'ai pas oublié les engagements que j'ai
contractés envers vous...

DUBOURGET.

De mon côté, je suis sorti triomphant des épreuves que vous
m'avez imposées... (A Salvator.) J'ai tout subi, tout supporté avec
calme, avec résignation... n'est-il pas vrai, monsieur ?

SALVATOR.

Ah ! permettez... la journée n'est pas encore finie.

DUBOURGET, avec colère.

Est-ce que vous allez recommencer, vous ?... ah ! mille tonnerres !... laissez-moi tranquille !... ne m'échauffez pas les
oreilles... ou je vous brise comme verre !

HORTENSE.

Mon ami... de grâce !

SALVATOR.

Une querelle, ici !... chez madame !

DUBOURGET.

Vous avez raison... sortons !

SALVATOR.

Sortons ! (Ils font quelques pas ; Spartacus et Pimpette entrent.)

HORTENSE.

Y pensez-vous, messieurs ?... de tels emportements !...

DUBOURGET.

Après tout, madame, la patience a des bornes !...

HORTENSE.

A votre aise, monsieur... mais, cette fois, vous conviendrez
que vous venez de me rendre libre... entièrement libre.

DUBOURGET.

Plaît-il ?

HORTENSE.

Ce n'est pas ma faute, si l'agneau vient de briser son collier !

DUBOURGET.

Je suis pincé !... allons, madame, reprenez votre parole.

SALVATOR.

Ah bah ?

DUBOURGET.

D'ailleurs, je crois, en me retirant, faire un acte de prudence.

HORTENSE.

Que voulez-vous dire?

DUBOURGET.

Est-ce que vous croyez que je ne me suis pas aperçu de ce qui se passe? Jusqu'à ce jour, si je tenais tant à vous épouser, c'est que je craignais que vous fussiez ruinée... je voulais assurer votre fortune, en vous donnant la mienne... mais, maintenant, que ce gaillard-là...

SALVATOR.

Allons !... vous êtes un bon vieux !

DUBOURGET.

A mon âge, on peut faire encore un bonhomme d'ami... mais, malheureusement, on n'est plus qu'un déplorable amoureux !... Et puisque ce garçon vous aime... et qu'il a du talent...

SPARTACUS.

Je le crois fichtre bien !

PIMPETTE.

Madame me l'a dit souvent.

DUBOURGET.

Et quand on a du talent, il paraît qu'on gagne beaucoup d'argent à faire de ces petites machines comme vous en faites. (A Hortense.) N'est-ce pas?

HORTENSE.

Certainement... sans compter la réputation... (Tendant sa main à Salvator.) qui vaut bien la fortune.

SALVATOR.

Oh! merci !... Eh bien! oui... je travaillerai... j'aurai du talent...

HORTENSE.

Et vous terminez votre tableau...

SALVATOR.

Je vous le promets... (Très-gaiement.) Allons, allons ! décidément, Suzanne prendra son bain.

DUBOURGET.

Ah ! dites-donc... vous m'en ferez une copie.

SALVATOR.

Volontiers... de trois centimètres plus longue.

ENSEMBLE.

Air :

Un sort désormais prospère

Vient assurer { mon / leur } bonheur.

L'avenir, en qui j'espère,

Me / Leur } promet fortune, bonheur.

SALVATOR.

Ma Suzanne à son modèle,
J'en suis sûr, ressemblera...
Grâce à mon pinceau fidèle
Comme vous elle plaira.

HORTENSE.

Messieurs, par galanterie,
Sans attendre son tableau,
Au modèle qui vous prie
Donnez de suite un bravo.

ENSEMBLE.

Messieurs, par galanterie, etc.

FIN.

Clermont (Oise). — Imp. A. DAIX, rue de Condé, 58.